中华中医昆仑

高仲山学术评传

张镜源◎主编

中国盲文出版社

图书在版编目（CIP）数据

高仲山学术评传（大字版）/ 张镜源主编. —北京：中国盲文出版社，2015. 12

（中华中医昆仑）

ISBN 978－7－5002－6775－1

Ⅰ. ①高⋯ Ⅱ. ①张⋯ Ⅲ. ①高仲山（1910～1986）—评传 Ⅳ. ①K826. 2

中国版本图书馆 CIP 数据核字（2015）第 316168 号

高仲山学术评传

主　　编：张镜源
责任编辑：顾　盛
出版发行：中国盲文出版社
社　　址：北京市西城区太平街甲 6 号
邮政编码：100050
印　　刷：北京华联印刷有限公司
经　　销：新华书店
开　　本：700×1000　1/16
字　　数：42 千字
印　　张：6. 75
版　　次：2015 年 12 月第 1 版　2015 年 12 月第 1 次印刷
书　　号：ISBN 978－7－5002－6775－1/K・414
定　　价：12. 00 元
销售服务热线：（010）83190297　83190289　83190292

前　言

中医药是中华民族的伟大创造，是世界医学宝库中的夺目瑰宝，数千年来为中华民族的繁衍昌盛作出了巨大的不可磨灭的贡献，至今仍是中国医药卫生事业不可分割的重要组成部分，在维护民族体魄康健、促进经济社会发展中发挥着不可替代的作用。

中医药学，是中华传统文化和科技文明的结晶，是勤劳聪慧的中华儿女在几千年生产生活实践中，在与疾病作斗争的过程中，创造的独具特色的医学科学体系。它有着浓郁的民族特色、深厚的文化底蕴和丰富的哲学内涵。经过一代又一代中医药传人、一辈又一辈名医大家的实践探索、薪火传承、总结完善、创新发展，逐步形成了系统的理论体系、独特的诊疗方法、丰富的医学内容、实用的制药技术。具有疗效确切、用药安全、应诊灵活、普适简廉和预防保健作用显著的巨大优势，在世界医学之林独树一帜，为人类的文明进步与医疗保健事业，已经并正在作出积极的贡献。

为了弘扬中华民族传统文化，彰显中医药学家的丰功伟绩，当代中医药发展研究中心与中国文学艺术界联合会、国家中医药管理局新闻办公室、中华中医药学会、中国中医科学院、北京中医药大学、世界中医药学会联合会等精诚合作，在国家中医药管理局的支持和指导下，为中华近现代百年来贡献卓著、深受敬仰的150位中医药学家，编撰出版了这部大型传记丛书。丛书采用评传体裁，记载他们的生平事迹、医术专长、学术思想、传承教育、医风医德、养生之道和突出贡献，使这些宝贵的医学成就和精神财富发扬光大，千古流芳。

丛书取名《中华中医昆仑》。昆仑山，被尊为“万山之祖”，柱西北而瞰东南，立中国而凭世界，凌驾乾坤，巍然屹立。以其高峻豪迈、绵延起伏的磅礴气势，寓意中华中医药学历史悠久、博大精深和永不衰竭；以其挺拔雄伟、高耸入云的恢弘气魄，彪炳一代中医药学家的丰功伟绩、杰出贡献和不朽勋业。

丛书入选传主，从全国范围推荐遴选，遍及中医药界各个领域。有临床家、理论家、药学家、教育家、医史文献学家；有名师亲授、世医家教、学派传人、院校毕业和自学成才者；有师徒并驾、父子齐名和伉俪联袂者。他们学术造诣深厚、诊疗技术精湛、临床经验丰富、学科地位崇高、科研成果丰硕、医风医德高尚、国内外影响较大，从医学理论到临床实践，为中医药事业的传承和发展作出了突出贡献，是近现代百年来中华中医药界的杰出代表。

丛书的出版，对于弘扬中华文化，振兴中医药事业，造就中医药人才，普及中医药知识，具有重要的现实意义和深远的历史意义。这是一项开创性工作，填补了我国为著名中医药学家大规模撰写传记的空白；也是一项抢救性工作，因入选传主已仙逝过半，许多亲历、亲见、亲闻的史料日见散逸，将之收集整理、编撰成书，功垂后世、利国利民；更是一项承前启后的工作，总结传主经验，传承中医药伟业，继往开来，光耀世界医学之林。这部医文结合，富蕴历史性、学术性、文学性和实用性的鸿篇巨制，对医疗、卫生、科研、教育及全球关注中华中医药文化的各界人士，都有重要的参考和阅读价值。

丛书的编撰出版，是一项巨大的中医药文

化建设工程，在策划、撰写、编辑、出版过程中，自始至终得到了国家有关领导、政府部门及社会各界人士的关心和支持。国家中医药管理局高度重视，并组织专家对全书进行终审；数百名专家、学者亲临指导，参与规划；有关省、市、自治区卫生厅、局、中医局（处）给予大力帮助；传主及其亲属、弟子热情支持、密切配合；撰稿人深情满怀、辛勤笔耕；编审专家尽心竭力、精工细琢；关爱中医药事业的企业家热心公益、慷慨资助；全体工作人员不辞辛劳、无私奉献，这一切使丛书得以顺利出版。对此，我们深表谢意。

由于时间紧迫和资料搜集困难，加之水平有限，难免有疏误之处，敬请广大读者批评指正。

中华中医药学，历史悠久，源远流长，发端于远古，奔向于未来。百年对于历史，不过是短暂的瞬间；百人对于万众，不过是沧海一粟。然本丛书所记载的百年百人，则无疑是波澜壮阔的中医药发展史上辉煌的篇章和光芒闪烁的璀璨星辰。

张镜源

目录

谋国民之健康是尽忠卫国的唯一要图。

医术之盛衰影响于国计民生，医术之精窳关系种族之强弱。

欲期中医学术之价值不日就低落，必须向社会多种善因，必须在学术上多作修养。

——高仲山

高仲山（1910—1986），原名高仑，字仲山。祖籍吉林省永吉县（今吉林市）。在行医、教学、参加社会活动时，他一直用“高仲山”一名。

高仲山出身中医世家，为第三代传人。他幼承庭训，学有渊源。1927 年赴上海中国医学院深造，以优异成绩毕业，获学士学位。1932 年悬壶于哈尔滨市，后被推举为哈尔滨市汉医学研究会会长、滨江省汉医学会会长。毕生致力于中医临床和中医教育工作，以发扬中医学为己任，曾先后培养出 500 余名中医后生，均为当今东北中医事业之砥柱。学术上，尊崇岐黄，效法仲景，虽有家学可承，但不固步自封；兼听博采，熔各家之长于一炉，邃密医理，探幽阐微，独具新意。主张远读《黄帝内经》、《难经》，精研《伤寒论》、《金匮要略》，近习《温病条辨》等专著，并要提纲挈领，明其主旨，验于临床，不能有学无识而为藏书之箱匣。临证内、外、妇、儿无所不及，长于内科，更以治疗急性热病（传染病）而闻名东北。

高仲山为中医药事业作出了突出贡献。1929年曾作为中医代表赴南京参加抗议《废止旧医以扫除医事卫生之障碍案》的斗争；1937年创办哈尔滨汉医学研究会，并主编《哈尔滨汉医学研究会月刊》杂志，为继承和发扬中医药事业不遗余力。1955年出任黑龙江省和哈尔滨市卫生工作者协会会长，同年由国务院任命为黑龙江省卫生厅副厅长。先后领导创建黑龙江省祖国医药研究所、黑龙江中医学院（现黑龙江中医药大学），并兼任黑龙江省祖国医药研究所所长和黑龙江中医学院副院长。历任黑龙江省人民委员会委员，黑龙江省第一届（1955年）、第二届（1958年）、第三届（1963年）、第五届（1979年）、第六届（1983年）人民代表大会代表，省人大常委会委员，省政协常委，黑龙江省中医学会理事长，中华全国中医学会理事等职。

高仲山是著名的中医理论家、临床家、教育家，是出色的医政管理工作者。他医术高超，著述丰富，桃李济济，政绩丰硕，为黑龙江省中医药事业的发展和培育高质量的新一代中医人才作出了贡献；名列黑龙江省“四大名医”之首，在黑龙江中医药事业发展史上占有非常重要的地位。

高仲山著有《妇科学》、《汉药丸散膏酒标准配本》（医界简称“高方配本”）、《黄帝内经·素问合解》、《湿温时疫症之研究》、《高仲山治疗新律》、《高仲山处方新例》等著作，并先后发表了《血证辑要》、《麻疹证治》、《疫痧草（校订）》、《时病新论》、《温病病理的研究》、《整理汉医学术的先决问题——统一术语》、《关于肺结核——肺痨》、《由流行性感冒——谈到汉医的一般治疗》、《肺结核及其预防与自疗》、《整理改进汉医药学术刍议》、《现代汉医应有之觉悟》、《病理学》、《疾病之治疗与预防》、《中医肿瘤学原始》、《对几种口腔颈项癌症的探讨》、《论暑瘟证治》、《八纲八法与辨证施治》、《内经之研究》等学术论文150余篇。

愿为良医济世
负笈南下求学

1910年的农历正月初九，吉林著名中医高广德家中喜添一子。这是广德公的次子，取名仑，字仲山。长子高昆（字仰山）比弟弟年长9岁。正值春节，家中添丁，可谓双喜临门。

高广德出身贫寒，父亲是乡村医生。高广德青年时期靠随父学的几个成方为邻舍看病，却难以维持生计，遂开了一间烧麦铺补贴家用。但是他不甘心这样终老一生，立志勤学苦读，拼了命也要完成老父亲要他学医的遗志。父亲没有遗产，临终给他留下的只有一部木版医书《东医宝鉴》，还有巨额的债务。

苍天不负有心人，虽然不能享受“二月桃

花三月杏”的风光，但是“三更灯火五更鸡”的滋味却尝尽了。多年以来，广德公读遍了他能收集或借到的医书。邻家小药铺的学徒成了他的“良师益友”，帮助他认识各种药材。遇有难懂的问题，则去请教药铺的坐堂医生。广德公与妻子吴氏节衣缩食，惨淡经营，稍有余钱就替父还债，偶尔才能买上一两本医书。

长子降生时家境已见好转。广德公关闭了烧麦铺，靠积蓄和借债把一间濒临破产的小药铺廉价兑了下来，改名为“成德堂药店”。从此，他便悬壶济世，并留下一个传统：每年立秋全家人必须吃一次烧麦，借以表示不敢忘本，不敢忘记创业之难。

吉林始建于康熙年间，为满语，全名为“吉林乌拉”，意为“沿着大江”。雍正年间，宁古塔将军迁来此地，改名为吉林将军，作为吉林将军驻地的吉林城也随之兴旺发达起来。几百年的建设使吉林成为花团锦簇、市井繁华、商贾云集、人文荟萃、车船辐辏的水陆码头，成为中国北方的大都市及政治、经济、文化的中心之一。这里有繁华不让京都街市的河南街、牛马行街；有驰名关外的百年老药店“世一堂”；有风景秀丽、游人如织、佛鼓梵钟不绝于耳的名胜北山。这里既有饱学宿儒、诗人墨客聚会的诗社、文馆、画苑，也有传播新知识、新思想的新型学校——毓文中学。吉林四面环山，地形险要，素有“铜帮铁底吉林城”之称。

高仲山就是在这样一个文化积淀深厚的地方长大成人的。童年他在私塾学习。老师花大先生是一位清朝末科举人，曾经参与康有为的“公车上书”运动。他腹笥渊博，思想比较激进，推崇康梁主张。他不仅为学生讲解“五经四书”，而且鼓励学生涉猎史籍、诗词。1920年，高仲山考入毓文中学，开始接受新型教育，接触到数、理、化等新学科。时值“五四”运动之后，青年学生言必称“德先生”和“赛先生”，新文化思潮的巨大冲击，使高仲山的思想起了天翻地覆的变化。他与广大同学一样接受新知识、新思想，卷入了这场新文化运动，在“旧学”和“新学”两方面都打下了雄厚的基础。

1926年，高仲山中学毕业，面临职业选择。父亲想让他继承祖业学医，并用“不为良相，愿为良医”的古训说服他。于是高仲山便随父亲学医，把为国效力的一腔热血化为学得一技之长，为民众解除病痛的具体行动。

1927年秋季，高仲山的哥哥高仰山从上海回到吉林度假。兄弟二人这次见面使高仲山的生活发生了重要转折。高仰山在上海美术专门学校读书，是校长刘海粟先生的得意门生。高仲山一向尊重哥哥，重视他的见解，遇有问题便要向哥哥讨教。此次高仰山回来，向高仲山言及北伐军征战军阀的形势。高仲山听了大为振奋，遂萌发了投考黄埔军校的愿望。高仰山听了他的想法后，提出不同意见。哥哥接着开导他道："我知道，爹让你学医，你心有未甘，觉得这不是你的抱负。但干什么职业才算有抱负呢？古人把良医比作良相，说良相医国，良医医人。有多少良医已流芳千古，远的如扁鹊、张仲景、华佗、孙思邈，近的有叶天士、吴鞠通。就以爹为例，他学识不高，从爷爷那里仅学得几个经验处方。可是他肯下苦功，以勤补拙，靠着投师访友，死啃硬记，总算读到了几部医书。多年来，他身背药箱，在四里八乡游历。一面为人治病卖药，增长经验和见识，一面收集民间验方秘方，拜访各处医家，虚心求教。十几年后他才敢于停下脚步，不再做走方郎中，开办起"成德堂"坐堂应诊。谁敢说他没有值得人尊敬的抱负呢？""我理解你渴望接触新事物的心情。我听说上海近来开办了专门培养中医的学校，而且不止一家。待我回上海打听确实后，你也来上海读书吧。"

哥哥的劝导使高仲山安下心来学医了。

高仰山临行时，三弟高岩患了急性传染病白喉，病情日渐恶化。喉内白膜，饮水则呛，热势日盛，大便燥结，昏不认人，口出臭气。广德公几经医治，均无转机。延请中西医同行老友会诊，群医束手。迁延数日，高岩终于不治身亡。全家悲痛万分。可是医生家有人病死一事，竟然引起一些好事之徒议论纷纷。

“常言说‘医不医己’，这句话还真有些道理。高先生行医半辈子，名气那么大，可是治不好自己儿子的病，眼睁睁看着儿子小小年纪就死了。这不是应了这句话吗?”

“这也不能怪高先生医术不精，听说他儿子得的是绝症。西医说这种病叫‘白喉’，只能等死。”

这些闲言碎语传进高家，家人只能报以苦笑，不予理睬。可是高仲山听了心中却波澜起伏，愤懑不平。他从此坚定了学医的决心，暗暗发誓："哪怕千难万难，我也一定要找到治疗这种病的方法。我就不信有几千年历史的中医中药治不了这种病！"

哥哥终于来信了。信中写道："我已经托人与上海中国医学院的包院长谈妥，你可以随时来上海报到插班就读。"

高仲山大喜，征得父亲同意之后，立即打点行装，准备动身。同行的有他的中学同学辛元凯（字瑞锋）。抵达上海之后，高仲山和辛元凯顺利进入上海中国医学院，开始了学医生活。后来高仲山在一篇回忆文章里写到这一段经历时说："始吾读书识字，辄欲就医，盖以吾家世传医学。严父又以改进中医为训。吾于是之海上就傅，据家学，参西法，秉师传，青灯黄卷，稍有寸进。""据家学，参西法，秉师传"——这就是高仲山成长为一名有别于老一辈中医的新型中医所走过的道路。

中医需要振兴
振兴必须奋斗

1927 年，高仲山在上海中国医学院开始了紧张的学习。学院设置的课程很多，有必修课，也有选修课。学校常常聘请一些名医学者来校讲学，例如陆渊雷、章次公。丁甘仁老先生也经常应邀讲学。校内最受同学爱戴的老师当推秦伯未先生。秦先生精研仲景学说，对于《伤寒论》、《金匮要略》等有独到而精辟的见解。他的观点与陆渊雷先生虽有不同，但两人各成一家，相互尊重。秦先生礼聘陆渊雷先生来学院兼课，而且开的课恰恰就是“伤寒论”、“金匮要略”，可见学者心怀不同一般。这种自由探讨、不囿于一家之言的学风是上海中国医学院的特点，它培养了学生善思考、求深入、博采众家之长、敢于探索创新的素质。高仲山除正常随班上课以外，把学习重点放在了“伤寒论”、“金匮要略”等科目上。围绕这几门课，他广泛阅读各家著述，诸如《伤寒大白》、《伤寒来苏集》、《伤寒贯珠集》、《张隐庵伤寒论辑注》。高仲山还常常利用课余时间拜访秦伯未先生，请求解答一些阅读中遇到的疑难问题。久而久之，他与这位只比他年长 9 岁的老师建立了亦师亦友的亲密关系。秦伯未先生对这个来自北方并勤于探讨、虚心求教的学生也钟爱有加，每次问一答十，循循善诱，把自己的研究心得倾囊相授。两人在振兴中医药学术方面观点几乎一致，都主张以现代科学为基础，改进和丰富中医的传统理论，总结和发扬中医行之有效的临床经验。对待西医学术，不应持固步自封的排斥态度，应择其善者而学之。“他山之石，可以攻玉”。西医学术乃是帮助中医科学化可以借用的力量之一。秦伯未先生鼓励高仲山在这方面多下些工夫。

20世纪20年代的中医面临着空前的危机。由于“西学东渐”，西医传入了中国，并逐渐显示出它先进的科学性。对此，一部分思想保守、囿于狭隘民族意识的人打着发扬国粹的旗号，抱残守缺，拒绝接受新兴科学。加之中医人数众多，水平不一，一些庸医误人致死，一些披着医生外衣的江湖骗子坑人、害人，其行为更进一步败坏了中医的声誉。这内外两种因素，使得一些门户之见颇深的西医乘机否定中医学术，打击中医，围剿中医。

在这种形势下，中医为了存在下去就只有自身奋争。当时的政府崇洋媚外，倾向于保护西医，排斥中医。而自身奋争之道首先在于壮大自身，提高自身素质。高仲山及其师友知道，这是一项重大的历史使命，实现这项使命，绝非一朝一夕之功。而他们这一代所能起的作用就是承上启下。他们应做和能做的，一是团结老一代中医，帮助他们提高素质；二是培育新一代具有科学知识、新型思维的青年中医，使他们能继续为振兴中医药事业奋斗。

1931 年高仲山以优异成绩从上海中国医学院毕业。此时他不仅学业有成，还取得了在上海开业行医的资格。在此期间，他经常与良师益友探讨振兴中医之策，明确了奋斗的方向，确立了以医学研究为基础，一方面进行医学临床实践，提高医疗水平；另一方面开展医学教育，培育新型学生。他为自己的书斋取名为“半半斋”，意为“半积功德半育才”。他还经常以“半半斋主”的署名在医学刊物上发表见解。

1929 年，高仲山与上海中国医学院的女同学张培民结为夫妇。夫妻二人志同道合，共同创业，生活虽然艰苦，但充满着希望和乐趣。

1931 年 4 月，高仲山夫妇回乡探亲，登上了日本游轮“关东丸号”，离开了东海之滨的上海。谁知此去竟成长别，直至48年之后，他们年逾古稀时才得以重返故地。

位卑未敢忘国忧
忍辱负重志不移

高仲山夫妇回到了故乡吉林市。一路上他们饱受颠簸之苦，尤其是海上的三天三夜，更是不堪回首。张培民因为妊娠反应，加之晕船，呕吐不止。在大连转车时，他们目睹了关东军士兵和日本浪人横行霸道、欺凌中国同胞的情景。辽东半岛俨然已经成为日本领土，这里的国民已经沦为亡国奴。

“九一八”事变后，东北沦陷了。日本扶植清朝逊帝溥仪成立傀儡政府——“满洲国”，从此开始了对中国东北长达14年的残酷统治。

经此变故，高仲山夫妇只能留在吉林，与上海已是关山阻隔，音信不通。此时的高仲山虽然是正规中医院校培养的高材生，但是在名声显赫的父亲身边开业行医也难免打不开局面。吉林市名医有“东高西王”之称，“东高”即指高广德，其诊所整日门庭若市，但病家只认“老高先生”，不找“小高先生”。高仲山终日赋闲在家，闷闷不乐。

1932年春，高仰山向父亲建议：父子共同出资在哈尔滨开办成德堂分号，让高仲山前往哈尔滨开业行医。于是高仲山带着金文华、陈文明两名学徒到了哈尔滨，开始筹办成德堂分号开张事宜。他们先是在哈尔滨道外南十六道街路东租到两间门市房，挂起招牌“成德堂”，立起由秦伯未先生亲笔题写的“高仲山内科医家”的牌匾。由于草创不久，未及准备药物，暂时只能应诊，不能配药。金文华、陈文明两名学徒一边帮助料理内外事务，一边抽空读书。

同年夏末秋初，哈尔滨阴雨连绵，松花江堤年久失修，突然决堤，洪水涌入街区，道外付家甸区顿成一片泽国。祸不单行，水灾带来了瘟疫，饮用水严重污染，酿成了霍乱病大流行，染病者不计其数，死者横尸街头。

在此紧急关头，高仲山应红十字会之聘，担任义务医师，在灾区每日昼夜诊治患者一二百人。连续工作两月有余，治愈病人数千人。自此高仲山在哈尔滨市崭露头角，博得了百姓的赞誉。

1933年初，高仲山在正阳十四道街（现靖宇十四道街）路北买下了一家药店，有门市房五大间，二楼还有七间，可以作为居室。药店内药架、药碾、切药刀具应有皆有，装药的坛、罐、瓶、盒一应俱全，甚至还存有一些配好的丸散膏丹。稍加修缮，“成德堂”便正式迁入新址。从此，一楼开业应诊，二楼高仰山、高仲山分别安家入住，生活从此走上正轨。

在伪满时期，中医被称为“汉医”。这个名称显然含有贬义，把具有国别性质的“中”字，改变成只有民族属性的“汉”字。然而无论如何它否定不了汉民族医学拥有近五千年历史的事实。这样虽身处日本人统治的“满洲国”，过着时时处于威胁之下的亡国奴生活，但总算还有一个可以保持汉民族文化的狭小空间。正是利用这个空间，高仲山得以实现自己确定的振兴中医药事业的奋斗目标。他相信，有着雄厚历史积淀的中华民族不会灭亡。如同历史上的历次劫难一样，日本统治及其卵翼下的“满洲国”只不过是强霸一时，而包括中医药在内的中华文化将永远存在并继续发扬光大，中华民族必将取得最后胜利。

作为现代化城市，哈尔滨随着中东铁路的修建而诞生于1898年。哈尔滨俄国人极多，几乎占到了全市居民的二十分之一。他们绝大部分居住在秦家岗、马家沟和道里区。道外区为贫民区，几乎没有俄国人。因此，哈尔滨的中医主要分布在道外区，其他地区只有极少数人。

中医相对集中，便于开展团结和组织工作。

道外正阳十四道街是个得天独厚可以成为中医活动中心的地方。一条不长的街道上坐落着樊景洲、成德堂、老福春堂、于龙潭诊所、德泰恒药店、锦和盛药店，只有百步之遥的北十四道街还有韩百灵妇科诊所。高仲山每天抽出一定的时间遍访哈尔滨有一定声望的医生。不久他结识了左云亭、刘巧合、安子明、安世泽、高香岩、王子良等中医名宿。高仲山向他们介绍在上海学习和行医的情况，着重讲述了1929年那场关系中医生死存亡的斗争。他说，中医界必须团结起来，共同提高学术水平，加强自身素养。只有这样，才能振兴中医。他的话得到了同行朋友的认同。大家一致认为有必要组建一个学术团体。

于是这些有志之士自1934年开始筹备，历时两年半，终于在1937年3月8日成立了中医学术团体“哈尔滨汉医学研究会”，高仲山任会长，安世泽、高香岩任副会长。在成立大会上，还决定编辑和发行会刊。5个月后，第一期《哈尔滨汉医学研究会月刊》问世了。发刊词中写道："哈尔滨汉医学研究会为本市汉医唯一之职业团体。本月刊为会员唯一之学术讨论平台。本刊除竭力贡献于会员，并请会员爱护外，更愿竭力贡献于外埠诸同道。尚祈诸同道加以匡助。"

该月刊一经出版便受到市内外中医界的欢迎，印数一期比一期多。1939年12月出版至第30期时，因哈尔滨汉医学研究会升格为滨江省汉医学会，故改刊名为《滨江省汉医学月刊》，成为全滨江省中医的学术刊物。后因伪满全国汉医会成立，《滨江省汉医学月刊》于1941年11月由中央汉医会接办而停刊。该月刊的出版历时三年半，共出版53期。

该刊出版期间，高仲山不仅亲自审稿，编辑加工稿件，组织专题讨论，联系出版，而且还亲自撰写文章，几乎每一期都有他的文章发表。他既撰写学术论文，发表研究心得及防疫养生等科普演讲稿，也撰写《整理改进汉医药学术刍议》、《整理汉医学术的先决问题——统一术语》一类宣传振兴中医药事业的论文；既校订中医古籍（如清陈耕道的《疫痧草》等），也把自己的著述连载在月刊上，以求同道的指正；还经常推荐西医学者论述中医的有价值的文章，如哈尔滨医学专门学校校长阎德润博士的文章《医学与科学》。高仲山为其所写的按语是："本刊内容，欲尽力洗除五行生克之说，希以科学方法解释汉医学术，用图整理改进。不过此种学说，在吾汉医界，尚是萌芽时期。今拜读哈尔滨医学专门学校校长阎博士之大作，以汉医学与科学相提并论，诚堪为整理改进汉医学术之准绳。望吾同道共勉之，以期汉医学之现代化焉。"更主要的是，高仲山通过这一刊物向社会普及了中医知识，吸引了一批有志于学习中医的中青年。

尽管该刊后来停刊，但它所起的作用却是不容轻视的：它为哈尔滨的中医从业人员交流临床经验提供了平台，在一定程度上提高了他们的医学素养，学术气氛更浓了；它使哈尔滨的中医从业人员读书蔚然成风，互助精神加强，一些应诊不多、生活困难的老中医得到了资助。

1937 年 3 月，高仲山主持召开了哈尔滨汉医学研究会全体会员大会，会上通过了几项决议，如刊行局方丸散膏酒标准配本，设立汉医专门学校，整理汉医要籍，设立巡回汉医图书馆等。

1940 年春夏季，东北流行瘟疫，高仲山带领黑龙江 14 个县市汉医学会和医学会联合进行了湿温证的防疫和研究，于同年 8 月亲自撰写《湿温时疫症之研究》，有力地指导了各地防疫工作。

1941 年夏，“伪满洲国”民生部保健司日本副司长沼边在司员兼翻译辛元凯的陪同下，到哈尔滨“视察”滨江省汉医学会的工作。在道外松江春饭店举办的一次宴会上，沼边半醉时大放厥词，说：“汉医虽然产生在中国，但是必然在日本才能发扬昌盛，因为日本强大、先进，现在就有了超过所有汉医的著名日本汉医汤本求真。他的著作是前无古人的经典著作，所以汉医都应该向他学习……”高仲山听后勃然大怒，大声喊道：“屁话！”接着忍不住把手中的啤酒瓶猛地摔在餐桌上，摔得粉碎。在座的无不大惊失色，同仁们都暗暗为他担心，沼边也被吓得愣住了。事后高仲山多次讲到此事，认为这是中国人和中医界受到的奇耻大辱，用以告诫子孙和门生：自己若不努力奋斗，就会受到外国人的轻视和侮辱。

祖国喜庆新生
古树重放新葩

1945年8月15日，日本天皇宣布日本无条件投降。对于东北人民来说，持续了14年之久的亡国奴生活结束了。第二年，即1946年4月28日中国共产党领导的东北民主联军（即后来的中国人民解放军第四野战军）开进了哈尔滨。从此哈尔滨人民得到了彻底解放。

哈尔滨市人民政府成立之初百废待兴，面临的形势格外严峻。就全国而言，它是当时唯一由人民当家做主的大城市，因而担负的支持解放战争的任务最重。日本14年的统治使哈尔滨市的人民生活在水深火热之中，生活水平低下。加之日本人战败时炸毁了位于哈尔滨市平房区的“七三一”细菌工厂，使带有各种细菌的老鼠、昆虫散布各地。哈尔滨特别是贫民聚居的道外区、太平区等地不时流行伤寒、鼠疫等传染病。对此，人民政府专门组织医务人员开展疫病防治工作。高仲山被推选为新成立的哈尔滨市国医学会会长。他积极组织学会会员参加防治工作，采用中医药手段治疗伤寒、斑疹伤寒和猩红热等传染病，并积累了宝贵的诊治经验。

在此期间，地方卫生行政部门则发布了排斥和歧视中医的规定。他们认为，中医是“封建医”，是“封建时期的产物”。除了有中医院校毕业文凭的人以外，所有开业的中医人员必须参加考试，受到甄别之后，合格者方可领到新的行医执照。规定发布后，哈尔滨市中医界一片混乱。高仲山是唯一可以不必参加“考试”和“甄别”的人，但他没有置身事外，因为这是关系到中医存亡的问题。他挺身而出，带领中医学会的陈志和、马骥等人共同起草了申诉书，说明中医是维护哈尔滨市人民健康的一支不可缺少的力量，在卫生防疫和医疗工作中作出了贡献。同时指出，由于历史原因，中医从业人员的知识结构与西医不同，如果用西医的生理学、解剖学、诊断学、病理学等作为考量他们的科目，既不合情，也不合理。一旦这些人员被不合理地淘汰，将严重影响当前迫在眉睫的传染病防治工作，并危害到今后维护人民健康的实际工作。哈尔滨市数百名中医在这份申诉书上签了名。人民政府认为这份申诉书有理有据，有利于革命工作，而那些排斥和歧视中医的言论会对卫生事业造成极大危害，因而立即撤销了“考试”和“甄别”的规定，支持中医参加防疫和医疗工作。

虽然这次排斥中医的风波暂时平息了下去，但在以后的年代里，这种风波仍然不时以各种不同的方式出现。

1954 年，高仲山兼任黑龙江中医进修学校校长。当时东北地区主管卫生工作的某领导曾说：中医不科学，治不了病。并佐证称：外国没有中医，但外国人都生活得很好、很健康，等等，大有取消中医办学立意。这种错误主张干扰了中医进修学校的正常教学。高仲山针锋相对地说："说外国人没有中医也很健康，那么也可以说山林中的老虎同样没有医生，老虎们都很健壮。"他不仅驳斥了错误观点，还坚持加强学校的中医课教学。据黑龙江中医学院院史记载："在纠正了某些人推行的'改造中医'的方针后，学校加强了中医课的教学，以学中医课为主、西医课为辅……这一学校的创办是黑龙江中医正规办学之开始，对全省中医事业的发展起了重要作用。"

1962 年，黑龙江省有关部门个别人拟借调整的机会，要求停办黑龙江中医学院（即 1959 年由黑龙江中医进修学校更名）。黑龙江中医学院院史是这样记载的："这一消息传来引起了全院教职员工的强烈反响，一致抵制这一错误决定。黑龙江省中医界元老、卫生厅副厅长、学院副院长高仲山，学院党委副书记李延新等人多次向上级反映群众的呼声，陈述黑龙江省中医教育事业发展的需要，据理力争，终于使学院免于夭折。"

以后，随着中医政策的落实，中医人精神焕发，中医学得到长足发展，中医教育和科研水平不断提高，中医的社会地位得以巩固，中医药事业欣欣向荣、蓬勃发展。如今黑龙江中医学院已经发展成为黑龙江中医药大学，黑龙江省祖国医药研究所升格为黑龙江中医研究院，伟大祖国为中医学这棵古树提供了肥沃的土壤和广阔的发展空间。

传承岐黄古训
教书育人不倦

高仲山认为，振兴中医事业当从提高中医界人员素质开始。因此，他在行医治病之余很注重培育新一代中医人才。早在 20 世纪 30 年代，他发现东北地区（特别是黑龙江）现有的中医从业人员大都没有接受过系统的中医教育，老龄化严重，青壮年中医不足。他们的中医学知识很浮浅，甚至少有人知道中医的“四大经典”。而且社会上有许多人愿意学习中医却求学无门，特别是一些药店学徒，他们渴望能系统学习中医知识。对此高仲山心急如焚，发誓要改变这种人员素质低的局面。但在当时没有办学的条件，于是他就决定开展函授教育，在报纸上征召函授学生，果然有很多人踊跃报名。他和夫人在诊余挑灯夜战，刻钢板，编讲义，并装订成册，分发邮寄给省内外的函授学生，最多时一期函授学生就达两百余人。此外，他还在哈尔滨市开设中医讲习班，以汉医学研究会为依托，为中医界交流经验、磋商疑难提供了一个平台。为了办好讲习班，高仲山率领一些热心会员殚精竭虑，费尽苦心，租借校舍，编写教学大纲，印讲义，安排各科教师。开课后，他又随班听课，帮助教师改进教学。高仲山亲自开设“伤寒论”、“金匮要略”等课程。两期讲习班共有上百名学员参加。他们经过政府考试，都取得了开业行医的资格证书。其中的佼佼者如马骥、谭生源、张金衡、张琪、赵正元、滕捷、赵麟阁、姜淑明等后来都成为黑龙江省中医界的中坚力量和国家级名医。

高仲山出任黑龙江省卫生厅副厅长后，在他的积极倡导和筹备下，黑龙江省祖国医药研究所和黑龙江中医学院先后成立，并由高仲山兼任所长和副院长。为了提高教学和科研水平，他遍访黑龙江省各地有教学能力的名医贤士，请他们为了中医事业的发展放弃临床工作，心甘情愿来到“清水衙门”——中医学院教书。他请求地方政府同意调动他选定的人才。其中便有马骥、韩百灵、刘快虹、孙继常、杜万春、于盈科、赵麟阁、赵麟山、邹德琛等。他们组成了黑龙江省第一支高水平的中医中药师资和科研队伍。为了解决教材问题，在没有任何先例可以借鉴的情况下，高仲山一方面亲自制订培养方案和教学计划，一方面组织教学人员和省内名老中医，夜以继日地编写出《中药学》、《方剂学》、《中医诊断学》、《温病学》等中医教材。

高仲山认为，黑龙江中医学院的建立是中医药事业现代化、科学化道路上的一个里程碑。遍布全国各省市的中医院校有政府的领导和支持，有国家在财政上的保证，招收的学生都是受过高中教育，拥有现代科学知识的青年，这是一种全新的中医教育体制，尤其在师资力量方面更是旧中国的中医学校所无法比拟的。就以黑龙江中医学院为例，它的师资队伍中不仅有临床经验丰富、熟谙中医经典的名老中医，而且有毕业于西医院校、学有专长的专业人员担任生理、解剖、病理、微生物、实验动物学等学科的基础课教学工作，如黎全、李智、张德山、常福久、伍金满等教授；还有著名的西医学习中医的教授与中医教师一道从事科学研究和临床实践，如王刚、贾宝善、姚世茹、黄殿栋等著名教授。这种全新的教学、科研体制预示着中医及其教育事业的光辉前景。

1979 年以后，在改革开放的大好形势下，黑龙江中医学院进入了一个新的发展时期。年逾古稀的高仲山一方面抓科研，一方面抓教学。他亲自听课、讲评，鼓励教学改革；为名老中医配备高徒，帮他们整理宝贵经验；举办各种学术交流，到黑龙江、吉林、辽宁各地、市讲学传经。高仲山是中医内科学教授，也是教育部首批颁布的硕士研究生导师之一。他所在的伤寒教研室也被首批批准为重点学科和伤寒论学科硕士学位授予资格单位。

高仲山亲自培养出一大批研究生。其中佼佼者有李敬孝、杨丙辰、高润生、张友堂、吴文刚、高雪、于永杰、金东明等十余人。他们有的走上管理岗位，有的活跃在临床、教学、科研第一线，还有的人在海外从事中医学的传播和应用，可谓桃李满天下。

1979 年 9 月，正值黑龙江中医学院庆祝建校 20 周年之际，高仲山抚今追昔，心绪万端，提笔写下一组诗词，抒发自己的感情，其中如《调寄〈青玉案〉·院庆感怀》：

廿载崎岖创业路，
苦经营，无歇处。

满园桃李花千树，
三迁颠簸，二度“下马”，
从容险关渡。
幸赖吾党除枷锁，
中西团结写新赋，
协力探讨回生术。
新英辈出，前程锦绣，
征途莫停步！

制订行业标准
维护中医声誉

早在20世纪30年代，高仲山在为患者治病的过程中不时受到所开药物达不到预期效果的困扰，同行们也时常遇到类似情况。作为中医学术团体的“哈尔滨汉医学研究会”时常接到患者投诉，说同一种中成药，在不同药店购买，其效果大不相同。这种情况不仅严重败坏了中医药的声誉，而且也危及了患者的身体健康，甚至生命安全。假药、劣药充斥市场的情况，引起了中医药界的忧虑和深切关注。草药的真伪优劣尚可由有经验的药师、药工辨认比较，而中成药则是“丸散膏丹，神仙难辨”。尽管各家药店都宣称“修合虽无人见，存心自有天知”，但是药商之中鱼龙混杂，一些逐利之徒仍大行其道，制假造假，置患者的性命于不顾。面对事关中医药发展的大事，立志振兴中医学术的高仲山不能置之不理，他下决心要为丸散膏酒制订一个配方标准。

1937 年 3 月，《哈尔滨汉医学研究会会议纪要》记载：刊行丸散膏酒标准配本，目的在于建立一个行业标准，使各家药店所配制的丸、散、膏、酒等中成药能够统一标准，铲除粗制滥造、偷工减料、以次充好、以伪乱真等现象，排除配方中各种药物剂量不准确、药品质量不统一、炮制方法不一致、药品名称和药品成分不相同等等弊端，以此来保证中成药的疗效，保障患者服药安全的权益，保护中医中药的声誉。研究会常务理事会几经商讨之后，决定由会长高仲山亲自执笔完成这项编写任务。

高仲山得到授权以后，遍访哈尔滨、吉林等市各家大小药店，收集或摘抄了各种自家配本，甚至秘不外传的配本。同时，他还购买或借阅了几百种中医药古代典籍和医史医话。然后他把每个配方的不同版本一一比较、对照、校勘，根据药性和临床心得加以抉择，或增或删，最后确定了最佳方案。每一个配方都追溯到最初出处：出自何书，何人初创。每一个配方都注明其本名、别名、坊间用名等。在此期间，高仲山经常向同行及中药人士请教垂询，探讨疑难问题，并多次在《哈尔滨汉医学研究会月刊》上刊载某些配方的草稿，尽可能广泛地征询各方意见。他殚精竭虑，力求保质保量地编好“标准配本”。

经过三年孜孜不倦的劳作，一部洋洋 12 万言的《汉药丸散膏酒标准配本》（以下简称《配本》）终于脱稿。其中收录通用中药局方 500 余种。为表文责自负，本书署名为高仲山著，并由他个人出资，由哈尔滨精益书局印刷发行。几年间，该书先后重印三次。在此后的几十年里，该《配本》一直被业界尊称为“高方配本”。

《汉药丸散膏酒标准配本》问世之后，受到中医药界极大欢迎和重视，人们多以能获得一本《配本》为幸事。当时东北三省的绝大多数药店、药厂都曾经按照这一具有行业标准效能的《配本》进行生产。可以说，该《配本》对于当时中成药市场的规范化、标准化作出了突出贡献。时至今日，仍有很多中药厂在按照《配本》来生产某些传统中成药。后来，卫生部编撰《中华人民共和国药典》时，该《配本》成为一部重要的参考书，其中不少章节被吸收进入《中华人民共和国药典》。

中西论战化干戈
团结御侮为中华

20 世纪 20 年代末，中医药事业面临一次空前的生死存亡的危机。中医与西医之间的冲突不可避免地发生了。这本来是两种文明的碰撞，不是简单的“同行是冤家”的对抗，如果处理得当，二者本可互补相长，共同发展，从而促进医学进步。但是在那个时期，这一冲突却演变成了一场对抗性的政治斗争。

1929 年，上海著名西医、时任国民政府卫生部中央卫生委员会委员的余云岫率先向中医发难。他联合一些同仁向当时的南京国民政府卫生部第一届中央卫生委员会提出了《废止旧医以扫除医事卫生之障碍案》。该提案极尽污蔑诽谤中医之能事，猖言中医理论皆为“凭空构撰，全非事实”，乃是“迷信之巫祝之道”；甚至说“要而言之，旧医一日不除，民众思想一日不变，新医事业一日不向上，卫生行政一日不能进展”。这样一个不敬祖宗、污蔑中华文明的提案竟被南京国民政府卫生部第一届中央卫生委员会通过了。

消息传出，举国震惊。中医药界同仇敌忾，奋起自卫。1929 年 3 月 17 日，全国医药团体代表大会在上海召开，会上成立了“全国医药团体联合会”，并组织请愿团于会后赴南京请愿，要求国民政府收回错误决定。

当时，高仲山刚刚取得在沪开业行医的资格。为了中医的生存，他不顾个人安危，奋勇当先，写文章，做讲演，与余云岫等人公开辩论。他公开阐明中医学同样是一门科学，尽管它不够完善，但在新时代它仍可发展、变革。几千年来中医学为维护中华民族的身体健康、子孙繁衍作出了不容忽视的重大贡献，今天中国人口多达四万万，居世界之首，便是鲜活的证明。余云岫等人数典忘祖，不经深入研究，凭空想象，主观臆断地否定中医理论，完全违背了他们口口声声提倡的科学观。高仲山认为，“尺有所短，寸有所长”。中医虽有“所短”，但“罪不当诛”。历史证明，中医始终自强不息，不断进取，可以取他人之长，补自己之短。这个“他人”也包括那些正在攻讦中医的以余云岫为代表的西医，包括西医所拥有的种种“所长”。高仲山的积极热诚，据理力争，有理有节，博得了同行们的首肯和赏识。他被推举为上海的代表，参加了请愿团。

在全国中医药界的共同努力下，“废止中医”的议案终于被撤销了。为了庆祝此次胜利，中医界将 3 月 17 日作为“国医节”。

1950 年 8 月，第一届全国卫生工作会议召开了。毛泽东主席对会议非常重视，专门为大会题词："团结新老中西各部分医药卫生工作人员，组成巩固的统一战线，为开展伟大的人民卫生工作而奋斗！"这次会议所强调的与中医工作有关的两大中心主题就是中西医团结问题和中医科学化问题。

高仲山被推选为黑龙江省中医代表参加了这次盛会。会议期间，他见到了阔别 20 年之久的师友陆渊雷、叶劲秋、汪绍笙等，也遇到了 20 年前的论战对手余云岫。会上他们聆听了朱德、陈毅等国家领导人的讲话，感受到了国家对中医药工作的关怀和对中医药工作的重视，也体会到了中西医团结和中医科学化的重大意义。大会特意安排了 8 月 13 日的一次中医座谈会，并且专门邀请余云岫与会。座谈会充分肯定了中医在历史上的成就和贡献，同时也指出由于历史原因，中医缺少近代科学的研究方法。座谈会指出，中医走向科学化，需要补充现代科学知识；要用科学方法研究和整理中医的学术思想，进而提升其理论。同时必须保持中医学术的独立性。会议还着重指出：过去中西医的不团结乃是历史造成的。今后中西医应在共同一致的目标下团结起来，这个目标就是为了人民大众的健康。与会者认识到，为了实现这一目标，为了发挥中医最大的功效，改造自己是必要的，不仅中医要改造，西医也同样需要改造。

在座谈会上，继李德全、汪绍笙、陆渊雷之后，高仲山发言说："从几十年前反对余云岫的主张开始，我就主张用科学方法来整理中医学。可是现在，中医还没有什么像样的成就。""科学是有规律的。中医只讲究经验秘方是不够的。社会发展得很快，如果仍因循守旧，人民是不会满意的。中医学是中国特有的古老文化，对待它的态度应该遵照毛泽东主席所说的：有批判地继承，吸收和继承其精华，批判和扬弃其糟粕。中医要科学化，再也不要用旧方式、旧方法培养旧式的'新'中医了。中西医团结有利于中医的科学化，西医有许多东西是值得中医学习和借鉴的。中西医需要的是团结，互相取长补短，而不是相互攻讦，相互排斥。面对崇高的目标——为了中华民族的健康发展，任何门户之见、任何个人恩怨都是渺小的，不足挂齿的。从这一高度考虑问题，中西医有什么理由不加强团结呢!”

会议中举办了一次文娱晚会。著名京剧演员李少春和袁世海联袂演出了新编剧目《将相和》。此剧的“团结御侮”主题深深感动了与会的中西医代表。高仲山恰好坐在离“夙敌”余云岫不远处。演出结束后，两人同时走出剧场，心绪难平，深感这次会议对于中国的卫生事业和中西医学术的发展具有划时代的重要意义。他们不约而同地向对方伸出手来，并紧紧握在了一起。往昔的龃龉不合全部化解在笑语当中。他们的和解是共产党的团结中西医政策感召的结果，也堪称一段医林佳话。

借近代科学成果
倡中华大医学观

摒弃中西医论争，鼓励后辈掌握现代医药学检测手段和科研方法，丰富和发展中医学、中药学，是高仲山教书育人的理念之一。他在很多场合都在倡导“中华大医学”概念。他认为，中医学术的发展，不能脱离时代的进步。一切科学成果都应该“为我所用”。学术上，他主张古尊岐黄，效法仲景，邃密医理，探幽阐微，兼听博采，熟读《黄帝内经》、《伤寒杂病论》、《温病条辨》等经典著作，并要提纲挈领，明其主旨，验于临床，熔各家之长于一炉，提倡中西兼收并蓄，以中为主，以西为辅。在师资队伍建设方面，他不仅广纳中医名家贤士，还招聘西医基础与临床的名师大医。在课程设置上，他主张七成学中，三成学西。学习中医重视经典，重视临床实践；学习西医重视生理、病理、药理、生化，重视临床诊断。在临床思维方法上，他主张建立中西两套独立思维方法，用中医的理论指导辨证施治和理法方药，用西医的理论指导对现代病的认识。

在学术和教学上，他主张继承中医经典时，不能泥古不化，墨守成规。他认为，现代科学技术是所有学科的共有财富，中医要想跟上时代的发展，也必须吸收现代的科学技术，用现代科学的知识、观点、方法来研究、充实和发展中医学，使中医学术与时俱进。在临床上，他强调辨证论治和整体观，认为辨证论治是中医学的精髓，离开辨证论治中医学就会失去生命力。整体观是建立中医临床思维的基础，离开整体观就难以体现中医学的诊疗规律。他最经典的课程是“八纲八法与辨证施治”。在晚年多病时，他还坚持撰写《高仲山治疗新律》、《高仲山处方新例》等著作，以阐明自己的学术主张。

梨杏相同天职
灵肉皆需健康

参加行政管理工作之后，高仲山的思想认识逐渐发生着变化。如果说以前他为中医命运的担心、为中医药事业发展而奋斗，还仅仅是不甘心延续了几千年的中医药文化在自己这一代灭绝，不甘心中医被外来的西医排斥和取代，不愿看到靠行医养家糊口的千千万万中医无以为生，而如今他认识到应该站在更高的高度来看待中医的命运问题。中医药事业是我国“伟大的人民卫生工作”的一个组成部分，它的发展不是个人或某个社会群体的问题，不应怀有“门户之见”，也不能抱有狭隘的民族主义观点。卫生工作是国家之大业，民族之大业，为祖国、为人民是考虑一切问题的出发点和落脚点，这应该成为自己后半生的方向和指针。高仲山感到时代变了，自己的心胸也开阔了。这种思想的变化在与梅兰芳先生的短暂交往之后就更加明显了。

京剧艺术大师梅兰芳先生要来东北巡回演出，定在1954年春到哈尔滨市。消息传来，民众翘首以待，预售的剧票早已抢购一空。不料，梅先生突发眼病，双眼红肿，畏光疼痛，已经不可能上台演出了。梅先生非常着急，刚刚下榻在哈尔滨国际旅行社，即向前来迎接他的省市领导表示歉意，并提出请一位医术好的中医来看看眼病。在座的领导一致向梅先生推荐高仲山。

高仲山见到梅先生，经过诊查，断为“暴发火眼”，并向他解释了发病的原因、治疗的方法、生活上的忌宜事项。梅先生听后深表同意，要求快一些给他处方医治。高仲山开具处方后嘱咐连服3日，并答应会每天来看望梅先生，以便随时调整治疗方案。

梅先生服药3天，病情很快好转，5天后便痊愈。经过这5天的接触，两人感情日深，经常谈起中国古老文化与京剧、中医的传承问题，共同的理想和志向使他们成为莫逆之交。在梅先生患病期间，梅葆玖先生代替父亲登台演出。巡回演出结束，梅先生与高仲山惜别，他取出一张自己的便装照片，亲自在左上角题写“梅兰芳”三个大字赠给高仲山留念，并感慨道：“这场大病，真没有想到好得这样快。可见，医者，艺也！”高仲山闻言，想到平日对梅先生的敬仰，不禁接口说道：“梅先生谬赞了。岂不闻，艺者，亦医也。梅先生以戏剧为良药，净化人的思想、灵魂，涤荡人们心灵上的污垢，才称得上良医呢。”言罢，二人相对拊掌一笑而别。这件事情被《哈尔滨日报》记者得知，很快就在报纸上以《高仲山与梅兰芳》为题发表出来。

融会“伤寒”与“温病”别出新解治顽症

高仲山虽然以研究《伤寒论》见长，但在20世纪30年代行医的早期，他却最先以治疗瘟疫而传名。他之所以能够在重大疫情面前展示中医药的威力，得益于他没有门户偏见，博采众长。这里仅列举高仲山治疗霍乱、大头瘟毒、白喉、瘟黄、温毒发疹、烂喉痧等方面的经验，从中可见其深厚的中医学功底，亦可窥其学术思想与医学造诣之一斑。

一、急救回阳汤治霍乱

高仲山认为，霍乱为患，病势急骤凶险，且有阴霍乱与阳霍乱之别，临证须细别阴阳，不可混淆。阴霍乱者，系瘟毒传染而成。一经染之，即吐泻不止，以致阴津暴失，阳随阴脱，危在顷刻，急当救治。正所谓：“吐下之余，定无完气。”然医者，当明“津以载气”，“气以摄津”之理。此刻，若不立回其阳，反补其阴，则雪上加霜，适得其反，终误人命。当知回阳者所以敛阴，阴阳调和，是为正治。急救回阳汤用之应手，灵验无比，使用时亦可随证变通。若转筋剧者，加木瓜、乌梅；痛剧者，加吴茱萸；体弱者，重用党参、白术；呕甚不能进药者，先调服玉枢丹；病危者，于服药间隙予淡盐汤，服药时间不必拘泥，可频服多饮，以求回阳救阴。阳霍乱者即今之所谓急性肠胃炎，多由外感风寒、内伤饮食所致。治疗常用藿香正气丸、解毒活血汤、苏合香丸等变通，均为有效良方。

1932 年，松花江洪水决堤，哈尔滨半城被淹，粪便污物浮留地面，腐臭冲天，饮用水严重污染，终于在夏末秋初之际酿成霍乱病大流行。染霍乱者不计其数，尸横街头，惨不忍睹。高仲山担任义务医师，每日诊治患者一两百人，昼夜应诊不停。所见之霍乱多属阴霍乱，症见大吐大泻，吐泻无度，脘腹绞痛，大渴喜冷饮，冷汗如油，四肢厥逆，或两腿转筋，或两臂抽搐；脉象沉伏，指纹塌陷，如洗衣妇手。顷刻虚脱，立见危亡，死不旋踵。治当温中回阳，急救回阳汤主之。

处方：熟附子 40g，党参 40g，干姜 20g，白术 20g，甘草 15g，红花 15g，桃仁 15g。水煎服。药入即吐者，冷服；频吐者，频服；吐甚者，先以玉枢丹与小苏打同研调服止吐，再服汤药以发挥药力。

周某，年七旬有余。1932 年 8 月初诊。诊查：患者蜷卧榻上，目眶塌陷，面色死灰，气息微弱，几无生机。自昨日起吐泻无度，至天明已不省人事。诊之，头面湿冷如油，四肢厥而不温，皮塌肉陷，脉象微弱，仅存一息，卧如僵尸。虑其年高之体，病入膏肓，恐难回生。无奈其家人苦求，遂处以前方，参、术用至50g，红花、桃仁增至25g。嘱取大砂锅，3剂同煎，即刻灌服，不拘时间，以不吐为度。

当晚，周家管事回复，病人吐泻均止，手足渐暖。遂往，见冷汗已止，面色苍白，可扶坐言谈片刻。舌质淡，苔白腻，脉沉中兼缓。知其已有转机，阳气来复。予附子理中汤，每日1剂，旬日瘳。

二、清开苦降治疗大头瘟

大头瘟多由天行温热疫毒感染而成。发病之初状似感冒，继之则以鼻额焮红肿起，渐及耳目头项。高仲山的治疗经验：清开苦降，随证治之。初起要清瘟解表，用荆防败毒汤；及重当用李东垣普济消毒饮主之；若失治误治致邪陷心包、津伤热结，可加芒硝、大黄通腑泄热，兼服安宫牛黄丸，以外攘温毒，内降实火。

古某，男，45岁。1937年8月初诊。主诉：头肿大如斗，皮色焮红，病已半月，延医数人，其效不显，病渐恶化，邀请往诊。诊查：见其仰卧床上，神昏谵语，胸高气粗，体若燔炭，头肿如斗，目合难开，眼角流脓，耳孔肿塞凸出并流出脓水，烦渴，喜冷饮。家人告之：大便已十日未解。切其腹坚而满，诊其脉数而大，望其舌苔黏黄干厚，咽喉红肿。辨证：此乃感受温热疫毒之邪，上攻头面而发。病久失治，热陷心包，兼有腑实之证。治法：清瘟解毒，豁痰开窍。

处方：连翘 15g，川黄连 10g，黄芩 15g，牛蒡子 10g，玄参 20g，桔梗 10g，板蓝根 15g，马勃 10g，僵蚕 10g，薄荷 7.5g，贯众 10g，柴胡 10g，大黄（后下）20g，芒硝（分两次冲）10g。水煎，分 2 次服，同时以汤送服安宫牛黄丸 2 丸。

翌日复诊，身热大减，大便已解，便出燥屎黑硬，患者神志渐清，偶能识人，烦渴亦减，舌脉同前。嘱继服前方药。十日后，一男子忽入诊所，倒身跪拜，连称“感激救命恩人”。仔细观之，此人正是古某。见其头肿全消，舌转红赤，脉象稍数，投以清瘟败毒饮两剂善后。

三、重剂养阴清肺汤治愈白喉

时疫白喉属凶险重症，虽有风火、风毒、阴寒、伏热、虚火、燥疫之分，但以燥疫为多，非一般药力而能获效，临证时须当机立断，大胆施药。方药击中要害，常能起沉疴危症于一旦。郑梅涧《重楼玉钥》之养阴清肺汤专为燥疫白喉而设，但视病情之轻重，药量常需倍增，始能药到病除。此外，值病人火盛津枯之际，高仲山遵张仲景急下存阴之法，重用大黄、玄明粉，以冀获釜底抽薪之功；但应中病即止，以防伤正。白喉之治，当时刻顾及津液，禁用发汗解表之法，犯之则发痉厥，立见危亡，不可挽救，常须识此，勿令误也。

邹某，男，24 岁。1938 年 10 月初诊。家人代诉：神昏谵语，壮热躁扰。发病十余日，初时以为感冒，但自觉喉内介之如梗，满喉发白，硬而不痛，饮水则呛；继而热势转盛，大便燥结，昏不识人。几经医治，均无转机。诊查：舌苔黑燥，舌面及口唇均干裂，喉内白腐如垩状，口出气臭。辨证：此属白喉重症，火盛津枯之势已成。治法：观其前服诸药，亦均以养阴清肺为主，本属正治，其病当愈，何以不效？细思忖之，乃剂量不足耳，遂以增大其量而治之。

处方：生地黄 100g，玄参 50g，麦冬 50g，贝母 25g，薄荷 10g，牡丹皮 25g，白芍 25g，大黄 25g，玄明粉（另冲服）20g，甘草 10g。嘱其水煎分 3 次服，每 3 小时 1 次，日进 3 剂。

次日凌晨，病人家属来告：昨夜服完 1 剂后，排出燥屎甚多，神智渐清。但见胸背起斑疹如栗，色鲜红，询问是否再服前药。此乃药见功效，热毒外解之征，需继服前方药。只将大黄、玄明粉减半服之。

两日后前往诊视，家人告之：为逃避“隔离防治”（伪满时期之传染病法，凡属烈性传染病患者必须收容隔离，被隔离者生还无几，故病家多设法避之），昨日病人已起身行走，现藏在4楼棚顶。遂上楼探望。见病人神清热退，喉内白腐渐脱，饮食无碍，二便已趋于正常，脉象无力。故于前方减去大黄及玄明粉，余药改为常量；嘱服药期间慎起居，忌油腻，糜粥自养。前后共服药20剂，完全康复。

四、牛黄承气汤抢救瘟黄

高仲山认为，瘟黄多为传染病，可因外感瘟毒突然而起，亦可由中焦湿热迁延而致。初期卫分被郁，若失于疏散，可致传里化热；进一步胃腑热结，不能清降，邪热深入营血，内陷心包，熏灼肝胆，最终热盛动风，发展至猖獗难止。这种传变完全符合温病的发病规律，却无不以阳明为变化的枢纽，正所谓“阳明为成温之薮”（《伤寒来苏集·伤寒论翼·温暑指归》）。此乃本病辨证的重点，也是治疗的关键。

治疗上重在清心泻火抢救昏迷，急下存阴以阻遏病势的发展，牛黄承气汤（安宫牛黄丸调生大黄末）为有效的方药，另加牛黄提高药效，助其不及。若热入营血，阴液受损，宜采用釜底抽薪的急救方法。但只能阻止热邪继续伤阴，不能回复已伤之阴液，需配合白虎汤清气，黄连解毒汤泻火，犀角地黄汤（犀角现已代用）及增液汤凉血育阴。治疗过程中，要根据病情变化，灵活给药，重点突破，但始终不离以上原则，方可使濒死者得生。

柴某，男，35岁。主诉：1960年3月17日午夜因意识不清七八小时而急诊入医院治疗。经检查，诊为急性传染性肝炎、急性黄色肝萎缩、肝昏迷。3月27日下午高仲山应邀会诊。诊查：患者不省人事，知觉全无，目赤睛定，瞳孔缩小，舌短口噤，遍身黄染如金，身热不扬，躁扰不宁，循衣摸床，时时呕呛，呕出暗红色汁液，已十多日未大便，小溲每日 1 次，色如啤酒。脉数而实。辨证：脉症合参，此病属于瘟黄，已热入心包，肝风内动。治法：开窍清心与釜底抽薪同进。

处方：牛黄承气汤，安宫牛黄丸两丸，另加牛黄 1g，大黄 25g。每次以大黄煎汁送服丸药及牛黄，每 4 小时服一次，夜间停服。待能大便两三次，则停用大黄。

因病人口噤难开，采用鼻饲；鼻饲失败，改由灌肠给药。当夜很平静，无躁动谵语，无呕呛，仍昏迷。次日午夜，突然抽搐，经用葡萄糖酸钙仍不能控制，继续以前方保留灌肠。

3 月 24 日诊：晨始呢喃自语；9 时挣扎坐起小便，10 时能识亲友，但时发抽搐，全身颤动，间有幻视、抽搐、谵语，脉象滑实。此乃肝阴耗损，肝风内动。虽经灌肠导便，但胃肠津液未复，仍有燥粪结滞。拟急下存阴，加用清心疏肝解毒之品。

处方：犀角（现已代用）5g，生地黄 20g，白芍 10g，牡丹皮 10g，黄连 8g，生石膏 30g，柴胡 10g，黄芩 10g，栀子 10g，知母 10g，黄柏 10g，茵陈 15g，甘草 10g。水煎服，一日 2 次。兼服安宫牛黄丸 2 丸，每日 3 次，另加牛黄 1g，大黄 25g，煎汁送服，夜间停服。

3 月 27 日诊：虽见清醒，但狂躁加剧，骂詈抓胸，舌起芒刺，苔黄腻，脉滑实，仍无大便。急投利胆通便、救阴泄热、急下阳明之剂。

处方：大黄 30g，厚朴 10g，枳实 15g，玄明粉（冲服）15g。水煎服，一日 2 次。嘱服后大便泻下两次即停服。兼服安宫牛黄丸 3 丸，牛黄 1g，每日 6 次。

3 月 29 诊：大便 1 次，极干燥臭秽。近两日抽搐较频，每 1～2 小时发作 1 次，口角㖞斜，目珠上吊。不发作时意识清楚，精神萎靡，极度倦怠，黄疸日益加深。于处方中加羚羊角

2.5g，以清热息风。

4月3日诊：病人抽搐已除，但黄疸不退，神志呆滞，倦怠懒言，有时狂躁不安，骂詈谵语。再予安宫牛黄丸3丸，加牛黄1g，1日6次，连服12次，汤药暂停。

4月6日诊：病人精神好转，但脉散，全身发斑，紫红如云片，皮肤金黄。此系正邪交争关键时刻，如果脉能逐渐恢复，斑能顺利透发，则病势可趋好转；若正气不能胜邪，脉不能复，斑不得透，则危险难救。前方加重剂量，以清热解毒，凉血化斑，维护心包。予安宫牛黄丸4丸，每日6次，每间隔1次加服牛黄1g。

4月8日诊：已无狂躁谵语之象，能自进饮食，自知便溺。红斑布满全身，脉转弦数。病人自觉胸中满闷，心烦不宁。此乃温邪未尽、邪热伤阴之故。拟滋阴清热、化斑解毒法。

处方：犀角（现已代用）10g，生地黄20g，白芍15g，牡丹皮15g，玄参15g，麦冬

15g，黄连10g，栀子10g，石膏50g，知母20g，柴胡10g，黄芩10g，黄柏10g，茵陈15g，粳米10g。水煎服，1日2次。兼服安宫牛黄丸4丸，1日4次。

4月12日诊：病情好转，言谈清楚，能翻身活动，三餐均可自进。昨夜颈项胸背满起白㾦，胸闷随之减轻，心中稍感清爽。黄疸与红斑均渐消退。继服用前方药至4月17日，白㾦消退，遍身瘙痒，肝脏肋下可及一横指，剑突下四横指，质硬有压痛，脾不大，无腹水。安宫牛黄丸改为每次2丸，每日2次。汤药同前。至5月4日，胸中闷热、身麻木已除，黄疸减轻，可以下床活动，饮食、二便、睡眠、意识等均正常。

7月6日诊：黄疸全退，一切症状均消失，肝脏未触及，停服中药观察。实验室检查：总蛋白6.57g％，白蛋白3.65g％，球蛋白2.82g％，高田氏反应阴性，麝香草酚浊度试验3U，黄疸指数3U，凡登白试验直接反应与间接反应均阴性，胆红质0.35mg%。

1960年8月23日痊愈出院。愈后25年中曾多次随访，一直健康工作，无任何自觉症状，肝功能完全正常。

以上方法治疗瘟黄（传染性肝炎、急性黄色肝萎缩、肝昏迷），经哈尔滨医科大学和黑龙江中医学院临床反复验证效果满意，经得起重复和时间的考验，得到中西医同行普遍认同。

五、清温解毒透疹法治疗温毒发疹（斑疹伤寒）

本病即斑疹伤寒，为传染病。初起症状如感冒，适用银翘败毒汤治疗。汗出热仍不解，二三日后则现烦躁口渴，皮肤隐现红色斑点疹粒，颗粒不甚清楚，胸背比较密集，头面、四肢、腹部则稀疏散见。高热持续不退，继而神昏谵语，耳聋目赤，烦躁喜冷。此证乃温病毒热蕴于血分，脉见浮、大、滑、数诸阳证脉象者，多吉；脉见沉、弦、涩、弱、迟诸阴证脉象者，多凶。心脏素来衰弱而患本病者，其预后多不良。舌质鲜红，舌苔黄，黏厚腻。此病高热缠绵至20日以上，方能痊愈。治以清温解毒透疹法，斑疹透于皮表，则温毒解，消斑青黛饮主之，结合服用安宫牛黄丸。

经验方：犀角（现已代用，水牛角50～100g），青黛10g，生石膏20g，知母15g，黄连10g，栀子7.5g，玄参15g，生地黄20g，柴胡10g，人参10g，生甘草10g，鲜姜10g，大枣10g，米醋1匙。水煎服，日3次，隔5小时服1次，可以连服4～5剂。大便秘结者去人参，加大黄20g。随同前方汤药服用安宫牛黄丸1～2丸，用凉黄酒调服，取其寒凉辛散以透发血分蕴伏之温毒，透疹出表。

六、清热透痧治疗烂喉痧（猩红热）

本病又称丹痧、疫喉痧，即西医所称之猩红热，为烈性传染病，属天时寒暖不定，秽霉浊气发为温毒，从口鼻传入肺胃之气分，互相感染而发。病之初起与感冒症状相似，但特点是咽喉红腐糜烂疼痛，疹痧隐现于颜面、躯干、四肢，疹与疹之间无好皮肤，如涂一片红墨水，且尤以胸背为甚，但口唇四周呈灰白色而无发疹。随高热而神昏谵语，耳聋狂躁，干呕不眠，口干喜冷饮，脉象洪数，舌起芒刺（覆盆子舌）。舌苔黏腻，或黑干如胶皮。压舌板检诊按之则粘连脱皮。

本病之治疗方针以清热透痧为主，否则痧毒闭而不透，毒热反攻，易痉厥而死。不可纯用滋阴之药，如养阴清肺之类。用则易化为湿热而发黄疸，陷于危亡。必须辛凉清解，清内热与攘痧毒兼顾，方可收效，痧透热解则喉烂随之而愈。病程经过约需十四五日，自拟喉痧汤主之，结合安宫牛黄丸内服。

处方：连翘 15g，金银花 15g，菊花 20g，牛蒡子 10g，芦根 15g，黄芩 10g，生地黄 20g，玄参 15g，麦冬 15g，竹茹 15g，栀子 10g。水煎服，日 3 次，每 5 小时 1 次。可以连续服用，以痧透热解为止，丹痧未透不宜攻下。如大便严重秘结者，可用大黄 20g 入汤服用。结合安宫牛黄丸 1～2 丸，以凉黄酒调化，随上方汤药同时服用。

七、巧用“通因通用”治疗奇恒痢

奇恒痢是异于一般恒常痢疾之意，是痢疾中较凶险的一种。此症成因多为久痢不愈，复伤于饮食不当，或感于时邪疫毒而发，症见下痢喉痛，日夜便脓血数十次，食水难进，肠腑败坏。若气呛喘逆，则火逆攻肺，有立时败绝之势。治疗不当则立见危亡，多难治愈。高仲山救治此病，抓住湿热毒邪壅滞这一症结，取通因通用之法，卓然见效。继而根据邪祛正虚之象，再进益气固脱之法随证调理。嘱咐切不可急于固涩，避免关门留寇。

王某，男性，13 岁。1975 年 10 月 19 日会

诊。主诉：半年来时见便中带血，或便后滴鲜血，以后呈脓血便。曾诊为阿米巴痢疾、结肠炎。转某医院小儿科，确诊为“多发性非特异性溃疡性结肠炎”。经服中西药无效，病情日剧，卧床不起，精神萎靡，颜面苍白，口唇干裂，口角糜烂渗血，腹痛里急，便脓血频频，日夜50余次，色黑褐，每次20ml左右。因口舌、咽喉疼痛，水食不能下咽。心悸懊侬。经外科剖腹探查，结肠呈灰黑色，聚集成坨，探针轻触即出鲜血，认为肠已坏死，无法施行手术，随即缝合。会诊所见：蜷缩在床，消瘦疲惫，两目无神，面色苍白，口唇干裂，口角有血迹。病人腹痛里急，大约每半小时即便血一次，1日夜多达54次。血便呈黑褐色，无脓液，每次便出大约有20ml左右。病人口舌及咽喉疼痛，水谷不能下咽。舌红糜烂无苔，脉象滑数。辨证：初看病人一派衰竭之虚象，细辨则属湿热毒邪滞留肠中，日久不得荡除，致使肠腑败坏，频频下痢脓血的实证。肺与大肠相表里，大肠湿热邪毒逆攻，故导致下痢喉痛之奇恒痢危候，由口腔直至肛门严重损伤。治法：本着“通因通用”原则，拟清热解毒导滞法。

处方：当归20g，白芍20g，枳壳25g，木香5g，槟榔15g，川黄连15g，黄芩15g，桂枝10g，吴茱萸10g，山楂15g，厚朴15g，甘草10g。水煎3次，因为病人饮食下咽困难，可以不拘时、不拘量，频频喂服。以每日最少服用1剂药为准。

10月20日诊：服上方药两剂，腹痛、咽痛有所减轻，便脓血次数减少，可少进米汤，自己能坐起。效不更方，嘱其再服，并严格控制饮食。

11月5日诊：口舌糜烂已愈，咽痛、腹痛更减，尚觉口唇干燥，每日大便六七次，可见血丝与黏液。舌苔白黄而腻，脉仍滑数。上方加牡丹皮 15g，冬瓜仁 30g，炒瓜蒌仁 10g。水煎，服法如前。

11 月 22 日诊：近日每天大便两次，无脓血，仅时有黏液，不成形。恶心，舌赤，脉滑数。其肠中滞留之邪基本得清，但下痢日久，正气极虚，阴阳不相维系，应谨防滑脱。拟补气固脱法。

处方：诃子 10g，肉豆蔻 10g，白芍 20g，当归 20g，白术 10g，党参 10g，半夏 10g，甘草 10g，炙罂粟壳 10g，黄连 5g，鲜姜片 5g，木香 4g，肉桂 10g。水煎，服法如前。

11 月 29 日诊：腹已不痛，大便成形，每日 1～2 次，无脓血，恶心已除。仍宗上方，加黄芩 10g，继服。至大便每日 1 次，腹痛、脓血便皆除，方减罂粟壳、半夏，继续服用。另用苦参 50g，乌贼骨 25g，地榆炭 25g，黄连 15g。水煎，取汁保留灌肠。每日 1 剂。

12 月 26 日诊：诸症皆愈。除消瘦体弱外，别无所苦。经西医系统检查，其慢性非特异性溃疡性结肠炎已愈，于12月27日出院。在整个治疗过程中，未用西药。出院后10年中多次随访，其胃肠功能完全恢复正常。

八、创立化痰通络法治疗疑难杂症

化痰通络法是高仲山在继承高氏两代治疗疑难杂症经验的基础上又经其潜心钻研，经临床实践而创立的。根据此法，他设立了以化痰通络散为主，以寒痹方、热痹方和化痰通络膏为辅的治疗顽痹的一套完整的方法，以及以豁痰散瘀、活络宣肺为主的一套治疗肺痿、肺积的方法，临床应用屡试屡验。

（一）治疗顽痹

高仲山认为，顽痹的外因不外乎风、寒、湿、热诸邪，然根本病机是机体阳气不足，不能输布津液，气血运行不畅，湿聚成痰。痰浊流注于关节经络，致关节疼痛、肿胀、僵硬、畸变、功能障碍乃至残废。它与一般痹证的不同之处，在于其外邪已经转变为胶着难祛的痰浊。直接感受热邪或素体阳盛而发为顽痹者甚少，然一旦发展到顽痹阶段，风、寒、湿、热诸因素都不居主导地位，非一般祛风、散寒、化湿、清热所能奏效。以痰证论治设方，一方面要阻止气血津液偏聚而再生痰浊，一方面要将已生之痰浊尽量化除，从根本上防止其发展。热痹虽有热象，当首先区别是邪实阳盛之热，还是正虚痰郁之热。前者自当别论，后者则宜在化痰通络基础上，酌减辛温，加入清热之品。一旦痰热之势缓解，再进温化，方能巩固疗效。方药如下：

化痰通络散：主要药物有麝香、白附子、制南星、羌活、白芷、生川乌、明天麻。

寒痹方：主要药物有桂枝、麻黄、防己、防风、附子、独活、赤芍、蚕砂、山龙（地龙）、蜂房。

热痹方：主要药物有桂枝、黄柏、苍术、

石膏、防己、威灵仙、薏苡仁、秦艽、白芍、桃仁、红花、木瓜、知母、延胡索、香附。

化痰通络膏：以化痰通络散适量，炼蜜调和为膏。局部外用。

高仲山以化痰通络散为主，辅以寒痹方或热痹方随症加减，结合关节外敷化痰通络膏，医治了无数类风湿性关节炎患者，使许多已经瘫痪的患者获得了生活自理或重新工作的能力。化痰通络散作为黑龙江中医学院院内协定处方，1978～1994年由附属医院药厂生产，受到院内外、省内外乃至国外患者的欢迎。后经高仲山的学术传人立项研究和对120例病人近期、远期疗效观察，证实该方可明显改善顽痹患者晨僵、关节压痛指数、关节肿胀程度，抗炎镇痛效果突出，有效率达到80％；并可明显改善患者血沉、类风湿因子，降低免疫球蛋白IgG，对T细胞亚群有调节作用。治疗剂量安全，近期和远期毒副作用观察，未发现对肝肾功能和胃肠道的不良影响。

（二）治疗肺积

肺积亦名“息贲”，始见于《难经·五十四难》：“肺之积，名曰息贲。在右胁下，覆大如杯。久不已，令人洒淅寒热，喘咳，发肺壅。”《难经集注》曰：“息，长也。贲，鬲也。言肺在膈也，其气不行，渐长而通于膈，故曰息贲。一曰：贲，聚也，言其渐长而聚蓄。”《济生方》卷四云：“息贲之状……喘息奔溢，是为肺积。诊其脉，浮而毛，其色白，其病气逆，背痛少气，喜忘，目瞑，肤寒，皮中时痛；或如虱缘，或如针刺。”现代多指肺部炎性假瘤，常因肺部寄生虫病、气管异物，以及胶着老痰形成痰栓而成肺积。高仲山辨证一方面从“痛则不通”或“痰瘀互结”着眼，一方面从“咳痰腥臭”等热象入手，重用破瘀散结、清热通络之品，常使瘤体在短期内消散吸收，病体痊愈。

陈某，男，45 岁。因“右下肺炎性假瘤”，于1984年6月初就诊。病史：该患者于月前体检时发现右下肺阴影，就近医院经CT检查显示：右肺后基底段近胸膜处球型病灶，边界毛糙，疑恶性肿瘤，行穿刺活检，病理诊断为炎症。系统抗感染治疗40余日，病灶无吸收，痰培养未检出致病菌。既往有鼻渊史。症状：阵发性咳嗽，劳累时感胸闷、胸痛，夜间鼻塞、鼻鼾，晨起咳痰腥臭，量少。舌质淡暗，苔白略厚，脉弦滑。肺部听诊无啰音。诊断：肺积（痰瘀互结）。治法：豁痰散瘀，通络止痛。

处方：柴胡10g，全瓜蒌20g，当归10g，炙穿山甲10g，栀子10g，延胡索20g，三棱10g，生大黄（后下）10g，莪术10g，半夏10g，紫菀10g，甘草10g。5剂，水煎服，日1剂，分2次服。黄酒三钱送服。

二诊：胸闷、胸痛减轻，鼻鼾和晨痰亦减，唯大便稀溏，每日两次，轻咳，舌质淡红，苔白略厚，脉弦。上方减去生大黄、栀子，加前胡 20g，黄芩 10g，继续服用 15 剂。

三诊：胸闷、胸痛、咳嗽完全消失，晨起咳少许白黏痰，舌质淡红，苔薄白，脉缓。复查 CT：右肺阴影完全消失。予四君子汤善后。

九、前后分消峻下逐水法治疗重症水肿

高仲山遇重症水肿，习综观全局，谨守病机，果敢用药。虽病势危重，只要素体较壮，形气俱实者，则选峻剂重药，舟车并进，直达病所，使水热之邪分消于二便，气行水化，水利气通，立见分晓。且注意峻剂不宜久服，待水势减退之际，改用大橘皮汤加味，徐徐缓图而收全功。

水肿治疗中强调忌盐，但非概而论之，宜视病程、病势而定。一般重病初起或病情初见好转时应禁盐，待病情稳定后可逐步改为淡盐食，直至获愈方可与常人同，此乃巩固疗效所需。

战某，男，45 岁，1941 年秋季初诊。诊查：胸高气粗，腹大如鼓，经询病已半月，延医数人罔效。初起尿少，腹胀身肿，逐渐气息难续，不能仰卧，大便秘结，小溲涩闭，渴欲饮水，水入则胀甚。详察之，见其肿势虽盛，但皮色光亮且润，舌胖大而深红，苔黄厚干燥，脉沉滑兼数，应指有力。辨证：脉证相符，属燥实阳水；形气俱实，尚可承受重药。治法：前后分消，峻下逐水。

处方：牵牛子 10g，大黄 25g，甘遂 10g，大戟 10g，芫花 10g，木香 4g，青皮 10g，橘皮 10g，竹叶 10g，车前子 10g，玄明粉（分 2 次冲服）15g。水煎服，日服 2 次。嘱其服药后若泄水量多，则后药暂缓；否则继服之。另嘱自服药当日起禁盐 100 日。

是夜，战家人叩门来报，如法服药 1 剂不久，即开始大溲大泻，下黄水近半洋油桶，立觉气息通畅，腹软。嘱食小米粥，继服前方药 1 剂。

二诊：3剂后病人面肿已消，腹水亦减大半，下肢仍肿胀光亮，按之凹陷，顷刻复起，脘腹闷胀，渴不欲饮，小溲短赤。苔腻微黄，脉沉滑稍数。此属湿热蕴结中焦，脾运失司，气机不畅，水道失调。立清热、行气、利水之法，大橘皮汤加味。

处方：茯苓10g，白术10g，泽泻10g，猪苓10g，肉桂10g，滑石20g，甘草10g，木香4g，陈皮20g，槟榔10g，防己10g，车前子10g，竹叶10g，灯心草4g。水煎服，每日3次。

三诊：连服药6剂，水肿病象尽消，二便正常。将息数日后，可从事劳动。60天后因犯禁盐百日之戒而肿势又起，守前法酌减药量，投数剂即愈，此后未再复发。

十、创扶正固脱清热凉血法治疗出血重症

高氏清凉饮乃祖传之止血有效方剂，适用于血分有热而致的多种血证。高仲山对出血重症则常与扶正固脱合用。他认为，骤然亡血，气随血脱，若急于止血，置气脱于不顾，势难收效；且气虚无力帅血，多致血瘀不行，反而血不归经。正所谓“有形之血不能速生，无形之气所当急固”。所拟扶正固脱清热凉血法的特点是：君参、芪益气以摄血；佐芍、草缓急，寓散瘀于凉血止血之中，合养阴于清热之内，配伍严谨，有止血而不留瘀之功。尤对呕血、咯血、肌衄效果最佳。

高某，男，36 岁，1981 年秋季初诊。主诉：患“胃及十二指肠球部溃疡”多年，最近经某医院胃镜检查，提示溃疡仍存。近日因饮酒而致胃脘剧痛难忍，并口吐鲜血数升。继而恶心呕血频作，血色鲜红夹有瘀块，大便黑如胶漆。在当地医院治疗不效，遂来哈投医。诊查：神疲消瘦，蜷卧呻吟，颜面苍白，舌红苔薄黄；闻呼气臭秽；切四末湿冷，脉涩无力。辨证：此虽胃中热盛，但亡血者，气亦必脱。

治法：扶正固脱，凉血止血。

处方：人参（先煎）25g，生地黄15g，麦冬15g，白芍20g，知母10g，黄芪25g，阿胶（烊化）10g，甘草10g。水煎取汁，少量频服，日进1剂。

二诊：2剂药后痛势已缓，仍频频吐血，量不多，色紫或红，嗳气。脉细，舌象如前。已有气血来复之象，立清热凉血止血法，投以祖传清凉饮。

处方：犀角（现已代用）10g，牡丹皮10g，黄芩10g，柴胡10g，生地黄40g，芍药20g，白茅根20g，血见愁20g，藕节20g，白及10g。6剂，服法如前。

三诊：呕血已止，无恶心，可食少许粥汤。仍嗳气，脘闷，按之痛而硬，大便色黑。舌红苔黄厚，脉细稍弦。

处方：柴胡15g，黄芩10g，黄连10g，半夏10g，瓜蒌仁20g，莱菔子10g，青皮10g，陈皮10g，槟榔10g，香附10g，草豆蔻10g，牡丹皮10g，藕节15g，白茅根15g，血见愁15g，白及10g。水煎服。糜粥调养，忌食辛辣之品。连服上方药12剂，诸恙皆平，便潜血阴性。

十一、创立多法治哮喘

（一）强调“肺鼻同治法”治疗哮证

高仲山认为，中医内科教材把哮证定义为“宿痰伏肺，遇诱因或感邪引触，以致痰阻气道，肺失肃降，气道挛急所致的发作性痰鸣气喘疾患”有失偏颇，其对“宿痰伏肺是哮证的夙根”论述得不够充分。虽然中西医对哮证发生机理研究不少，但从狭义的“肺”进行探讨者居多，有的学者对哮证夙根为“宿痰伏肺”提出质疑。哮证的治疗关键要明了发作期的病因和缓解期的调治，以减少发病或减轻症状，使患者趋于康复。因此，准确地把握病因病机是能够取得良好疗效的关键。如何理解“宿痰伏肺”与“夙根”呢？最早可以追溯到东汉时期的《金匮要略》。张仲景书中虽无哮之病名，但对“上气”、“痰饮”的认识很多与哮证类似。《金匮要略·痰饮咳嗽病脉证并治》说：“膈上病痰，满喘咳吐，发则寒热，背痛，腰疼，目泣自出，其人振振身剧，必有伏饮。”这可以说是“宿痰伏肺”为哮证“夙根”理论的开端。“夙根”一词始见于《景岳全书》：“喘有夙根，遇寒即发，或遇劳即发者，亦名哮喘。”《证治汇补》云：“哮与痰喘之火而常发者，因内有壅塞之气，外有非时之感，膈有胶固之痰，三者相合，闭拒气道，搏击有声，发为哮喘。”至此，“宿痰伏肺”的理论基本形成，其与现代医学描述的内源性或外源性的病因似相吻合。

那么“肺为娇脏”，怎容得“宿痰内伏”呢？高仲山强调，不要狭义地理解“肺”的概念，要扩展到肺系来考虑，一旦把鼻窍的因素考虑进来，就容易理解了。用“肺鼻同治法”

指导哮证诊治，把鼻鼽、鼻渊都作为病因来辨证，治疗就抓住了根本。事实上慢性鼻窦炎与哮喘同时存在的情况比比皆是，只是现实中病人往往缺少贴切的主诉，医生又分科太细，把整体观割裂了，致病位不清，辨证不准，重末而舍本。

（二）立平肝清肺法治疗哮喘

哮证多由外邪引动宿痰而发，治法也多循宣肺、化痰、平喘等法。而高仲山则告诫：殊不知肝火亦为哮证的常见病因，多由暴怒引动肝火，木火刑金，痰火壅肺。若循规蹈矩，难免更耗肺阴，导致哮证不解。《内经》曰：“怒则伤肝”；“五志烦劳，皆属于火”；“诸气上冲，皆属于火”。治疗采用标本同治法，平肝与肃肺并举，打破常规的宣肺平喘之法。自立清肺化痰饮，以丹皮配合瓜蒌仁以行气活血。着重清热平肝，化痰肃肺，使痰火散，气道利，哮喘自止。

清肺化痰饮源于《医宗金鉴·痘诊心法》中清气化毒饮和《景岳全书》中神秘汤两方。前者为治疗小儿麻疹毒热内攻而致喘满方，后者为治疗上气喘急不得卧方。高仲山取两方之长随证化裁，主治肺热痰火喘嗽诸疾，症见咳嗽或哮喘、痰黄黏稠、舌红苔黄腻、脉滑数者，疗效可观。其基本组成为前胡、紫苏子、桑皮、杏仁、陈皮、玄参、连翘、瓜蒌仁、黄连、黄芩。兼血瘀者加牡丹皮、赤芍；兼气滞者加厚朴、香附；兼湿盛者加茯苓、防己、木通；兼咯血者予家传清凉饮合方。相辅相成，每获奇效。

（三）创立温肺健脾补肾法治疗慢性咳喘

高仲山认为，慢性咳喘病的临床演变往往经过由气虚——阳虚，由肺阳虚——脾阳虚——肾阳虚的病理过程。肺、脾、肾三脏的协调和盛衰是其病理转归的关键。宗仲景“病痰饮者，当以温药和之”的古训，他提出“外感之寒温必兼散，内生之寒温必兼补”的观点，温肺健脾补肾法就是这个观点在治疗慢性咳喘病中的具体体现。其从调理肺、脾、肾入手，不但扶正与祛邪并举，能治“已病”，尚可预防“未病”，对防治慢性咳喘病意义很大。肺、脾二脏常相因为病，但是肺脾之病日久，则必及于肾。若至此阶段，在治疗上则处处被动，甚为棘手。将温散与温补有机地结合起来，用温肺健脾补肾之法，则抓住了慢性咳喘病的主要脉络。

慢性咳喘病不离乎肺，亦不止于肺，往往由肺及脾及肾，积极的防治，当在肺病阶段就汲汲于扶阳，则可更富成效。温中健脾，一防痰饮再生，二助中焦运化，使肌腠充实，卫表致密，培土而生金。补肾纳气，培补元阳，防止内饮坚牢不化，携肺脾共同维持气之吐纳和三焦水道的畅通，实乃贯穿于慢性咳喘病全程的有效治法。

后　记

2010年1月22日（正月初九）是高仲山诞辰100周年。黑龙江中医药大学决定，在母校新大楼建立“高仲山纪念馆”，并拟举行高仲山铜像揭幕仪式暨纪念高仲山教授百岁系列活动。黑龙江中医药大学领导在讲话中指出：“高仲山教授是中国近代中医杰出人物的代表，是黑龙江中医药大学的创始人、奠基人和开拓者，是著名的中医理论家、临床家、教育家，出色的医政管理工作者。他的一生是为中医药事业奋斗的一生，他的成就是黑龙江中医药发展史上的一座里程碑。他对全国特别是北方地区中医药发展的影响是人所共知的，是黑龙江省

‘四大名医’之首。整理、提炼、研讨、升华其学术真谛，意义非凡！我们要将高仲山做人、做事、做学问、医德医技、为人师表等高尚品格、风格发扬光大，让高仲山这面旗帜永远引领学校发展的方向！”

黑龙江中医药大学深圳校友会还把纪念高仲山教授的文字和图片汇编成《一个世纪的追忆》。文集比较详细地记录了高仲山的医学生涯、学术思想、学术经验和鲜为人知的许多往事；回忆了他的创院历程和对中医事业所作的贡献；记述了他不顾个人安危为中医请命的忘我精神和人生境界；展现了一位敢为天下先的杰出中医形象，及一代中医人开拓创业、自强不息、不畏困难的奋斗精神；记录了他为人师表、教书育人、薪火相传的无私奉献精神；表现了他博爱自尊、宽厚善良、仁心仁术等优秀品格；颂扬了一位善待生命、善待他人的慈祥、宽容、克己、奉献、正直和执著追求的大家国医风范。文集还收录了高仲山弟子们的学术成就和亲属们的回忆文章，将活生生的大医形象展现在人们面前，让世人敬佩，让后人敬仰。

（撰稿人　张培民　高文风　高文彬　高　雪）

《中华中医昆仑》丛书 150 位医家名录

（按生年排序）

张锡纯	丁甘仁	萧龙友	王朴诚	恽铁樵
曹炳章	冉雪峰	谢　观	施今墨	汪逢春
孔伯华	黄竹斋	吴佩衡	蒲辅周	陈邦贤
李翰卿	李斯炽	姚国美	陆渊雷	张泽生
时逸人	张梦侬	叶橘泉	王聘贤	陈慎吾
邹云翔	赵炳南	承淡安	余无言	刘惠民
岳美中	沈仲圭	秦伯未	赵锡武	韦文贵
程门雪	黄文东	赵心波	董廷瑶	吴考槃
章次公	石筱山	陆南山	张赞臣	李聪甫
刘绍武	陈存仁	朱仁康	陆瘦燕	姜春华
韩百灵	高仲山	李克绍	王鹏飞	刘春圃
金寿山	哈荔田	何世英	周凤梧	干祖望
关幼波	王为兰	任应秋	罗元恺	祝谌予
杨医亚	郭士魁	何时希	耿鉴庭	俞慎初

裘沛然　顾伯华　江育仁　邓铁涛　门纯德
刘渡舟　尚天裕　朱良春　李玉奇　程士德

尚志钧　赵绍琴　董建华　米伯让　李辅仁
张珍玉　班秀文　颜正华　于己百　颜德馨

路志正　方药中　王乐匋　黄星垣　谢海洲
余桂清　何　任　王子瑜　程莘农　陈彤云

焦树德　张作舟　张　琪　李寿山　张镜人
王绵之　方和谦　印会河　王玉川　蔡小荪

李振华　马继兴　王嘉麟　宋祚民　刘弼臣
王雪苔　刘志明　吴咸中　李今庸　任继学

裴学义　王宝恩　周霭祥　贺普仁　唐由之
赵冠英　许润三　金世元　陆广莘　刘柏龄

徐景藩　吉良晨　吴定寰　沈自尹　王孝涛
张灿玾　周仲瑛　强巴赤列　张代钊　李经纬

郭维淮　柴松岩　苏荣扎布　陈可冀　李济仁
夏桂成　郭子光　巴黑·玉素甫　张学文　陈介甫